Werner Färber

Geschichten von
der Tierärztin Tina

Illustrationen von Katharina Wieker

Loewe

Die Deutsche Bibliothek – CIP-Einheitsaufnahme

Geschichten von der Tierärztin Tina / Werner Färber.
Ill. von Katharina Wieker.
– 1. Aufl. – Bindlach: Loewe, 1997
(Lirum Larum Lesemaus)
ISBN 3-7855-3142-7

ISBN 3-7855-3142-7 – 1. Auflage 1997
© 1997 Loewe Verlag GmbH, Bindlach
Umschlagzeichnung: Katharina Wieker
Redaktion: Claudia Ondracek
Satz: Leingärtner, Nabburg
Gesamtherstellung: New Interlitho Italia S.P.A.
Printed in Italy

Inhalt

Tina und die Tiere

Die  Tina blättert in

ihrem . Auf dem ersten

ist sie noch ein kleines .

Sie hockt neben einem

und füttert einen Igel. Der

kam immer abends. Er setzte

sich dann unter den .

Der  wartete darauf, dass

Tina ihm einen brachte.

Er war wirklich sehr zutraulich.

Auf dem nächsten  ist Tina

schon größer. Diesmal hat sie

eine   auf dem  . Die

gehörte zum nebenan.

Wenn der  und die

von nebenan fort waren, passte

Tina immer auf die  auf.

Die  blättert weiter.

„Igitt", sagt sie beim nächsten

Da hat sie einen  auf

der  und versucht ihn zu

küssen. Tina erinnert sich genau,

weshalb sie den  geküsst hat.

Sie hat nämlich gehofft, dass

er ein verzauberter  sei.

Aber natürlich verwandelte sich

der  nicht. Tina brachte

ihn zum  zurück.

Auf den letzten  ist

ein  zu sehen. Das ist

Rasputin. Tina hatte ihn unter

einem  gefunden. Er konnte

nicht mehr fliegen, weil er sich

am  verletzt hatte.

Das ist Rasputin

Tina nahm ihn mit und fütterte

ihn mit  und .

Es dauerte lange, bis Rasputin

den  wieder bewegen konnte.

Doch schließlich flog der

davon. Lächelnd klappt die

ihr  zu. Ob Rasputin

weiß, dass sie seinetwegen

geworden ist?

Kein Feierabend

„Dein  ist kerngesund",

sagt die  zu einem kleinen .

Das  ist froh. Denn es hatte

befürchtet, dass sein

eine  bekommt. Auch Tina

ist froh. Nach dem  wartet

nämlich niemand mehr auf sie.

Es ist auch schon spät. Die

nimmt ihre  und geht.

Als sie schon fast an der

ist, klingelt das  .

Tina geht noch einmal zurück und

nimmt den   ab. Herr Schröder

ist am  . Eine seiner

bekommt ein  . „Ich bin

gleich da", sagt die .

Die  steht nervös im .

„Ist ja gut, Pauline, ist ja gut",

sagt Herr Schröder beruhigend.

Er krault sie zwischen den .

Tina untersucht Pauline. „Es kann

jederzeit losgehen. Am besten,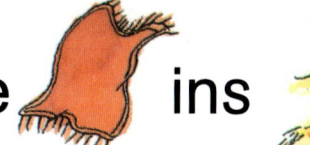

ich bleibe hier", sagt sie. Die

legt sich eine warme  ins

und macht es sich gemütlich.

Tina beobachtet die 🐄. Aber

dann fallen ihr die 👁 👁 zu.

Erst als die 🐄 aufgeregt muht,

wird die 👧 wieder wach.

Nun geht alles ganz schnell.

Schon bald steht das kleine

auf wackeligen  ⫽⫽ neben

Pauline. Das 🐄 geht sofort

an Paulines 🐄 und trinkt.

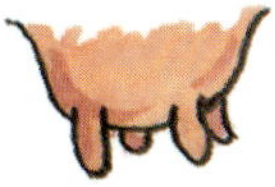

Tina klingelt Herrn Schröder aus

dem . Beide sind froh,

dass alles gut gegangen ist.

Sackhüpfen

Die  geht im

spazieren. Immer wieder liegt

etwas auf dem  herum.

Tina bückt sich und sammelt alles

auf: hier eine , dort eine

alte . Unter einer  liegen

sogar mehrere leere .

Dabei ist der  neben der

ganz leer. Seufzend wirft die

alles in den und geht weiter.

Plötzlich hüpft ein alter  über

den   . Seltsam, denkt Tina.

Vorsichtig nähert sie sich dem

hüpfenden und schaut hinein.

Ein kleiner 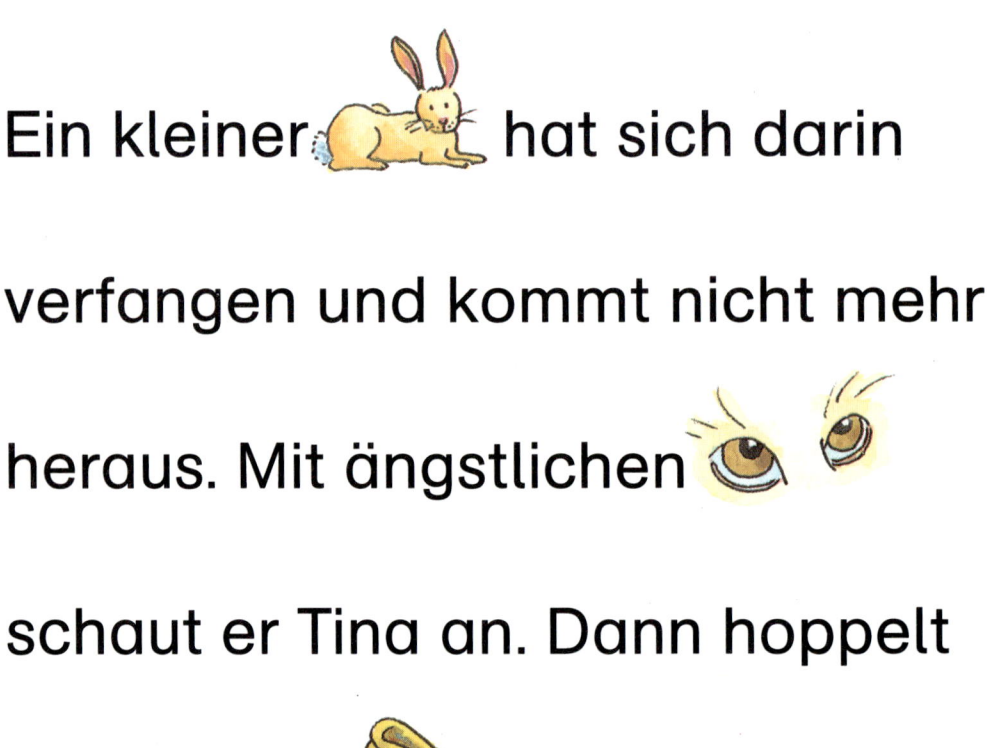 hat sich darin

verfangen und kommt nicht mehr

heraus. Mit ängstlichen

schaut er Tina an. Dann hoppelt

er mit dem  weiter. Schnell

läuft die  hinterher.

Der  zappelt wild, als sie

den  erwischt. Vorsichtig

holt Tina den  heraus und

untersucht ihn von den  bis

zu den . Er ist nicht verletzt.

Die  lässt den

herunter. Der hoppelt schnell

davon. Tina knüllt verärgert den

alten zusammen. Sie wirft ihn

in den nächsten ABFALL , damit

nichts mehr passieren kann.

Schwierige Patienten

Manchmal hat es Tina nicht

leicht. Wenn die  eine

behandeln muss, braucht sie

eine  . Für die

muss sie eine und

hohe anziehen, weil die

immer so fürchterlich spritzen.

31

Heute soll Tina das

untersuchen. Doch das

ist ziemlich aufgebracht. Es steht

schnaubend auf der .

Niemand wagt sich zu ihm hin.

„Wahrscheinlich tut Molly ein

weh", sagt die . Aber um

das ![hippo] behandeln zu

können, muss sie es erst betäuben.

Mit ihrem  schießt sie

eine auf Molly. Kurz darauf

sinkt das zusammen und

schläft ein. Die nimmt

ihre schwere .

Sie geht zum  auf die  .

Zwei  halten mit einem

das mächtige  von Molly auf.

Der faule 🦷 ist nicht zu

übersehen. Tina sägt ihn mit

ihrer 🪚 ab. Mit der 🔪 feilt

sie ihn zurecht. Der 🦷 daneben

ist auch schon ganz schwarz.

Die 👩 behandelt ihn gleich

mit. Sie bohrt ihn mit dem 🌀

sauber aus und füllt ihn wieder

neu. Tina arbeitet schnell.

Sie will fertig sein, bevor die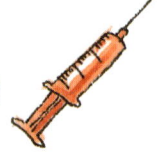

aufhört zu wirken. Tina packt

gerade ihre 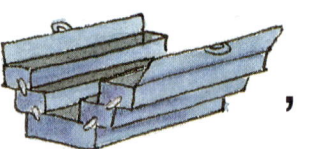, als

das  allmählich wach wird.

Erst wackelt Molly nur mit dem .

Dann schlägt sie die  auf.

Die  geht schnell hinter

den . Molly steht auf und

beginnt zu fressen. Bestimmt ist

sie froh den  loszuhaben.

Tinas neue Katze

Ein  kommt mit einer kleinen

zur . Die ist an der

verletzt. Der hat sie maunzend

hinter einem gefunden.

Die setzt die

auf den . Sie untersucht

und säubert die .

Tina legt einen  an um

die zu schützen. „Möchtest

du die behalten?", fragt sie

den . Der schüttelt den .

41

„Das geht nicht", sagt der .

„Papa ist allergisch gegen .

Seine  juckt und seine

werden immer ganz rot."

Tina bedankt sich bei dem ,

weil er sich um die verletzte

gekümmert hat. „Und was mach

ich nun mit dir?", fragt Tina die .

Die kleine   miaut. „Bist du

etwa hungrig?", fragt die   .

Sie macht eine  auf. Die

frisst einen ganzen  leer.

Dann humpelt sie zu Tinas

und legt sich schlafen. „Du bist mir

vielleicht eine", sagt die  .

Tina behandelt noch einen  ,

einen  und eine  .

Die   lässt sich nicht stören.

Erst abends steht sie wieder auf

und reibt sich schnurrend an

Tinas  . Die  nimmt

sie hoch und streichelt sie.

„Na, kleiner , wie wär's,

wenn ich dich behalte?", fragt Tina.

Die kleine  drückt ihren

gegen Tinas  und schnurrt

noch lauter. Deutlicher kann

eine  nicht antworten.

Koko im Supermarkt

Tina muss einkaufen. Sie schiebt

ihren  vor sich her.

Plötzlich kreischt jemand laut.

Ein  zeigt erschrocken nach

oben. Über ihm hängt ein

an der 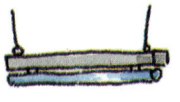 . Der  hält

einen schwarzen  in der  .

„Gib sofort meinen  zurück!",

ruft der . Der  schüttelt

den  und setzt den  auf.

Der  versucht den

mit seinem  zu angeln.

Da schwingt sich der

zur nächsten . Eine

rennt schreiend davon.

Der  reißt mit dem die

aufgestapelten um.

„Der ist gefährlich. Passen Sie

auf!", ruft die an der .

„Dieser  bestimmt nicht", sagt

Tina. „Das ist Koko. Ich habe ihn

gestern Abend im  gesehen."

Die  nimmt eine

aus ihrem  und schält sie.

Koko lässt den  fallen und

kommt herunter. Er schnappt sich

die . „Braver Koko", sagt Tina

und reicht ihm die . Der

geht mit der hinaus.

 in spazieren sie

zum  . Der ist

überrascht. Er hatte noch nicht

einmal bemerkt, dass Koko aus

seinem verschwunden war.

Die Wörter zu den Bildern:

 Tierärztin    Arm

 Fotoalbum    Haus

 Bild    Mann

 Mädchen    Frau

 Busch    Frosch

 Igel    Hand

 Apfel    Prinz

 Katze    See

 Rabe

 Telefon

 Baum

 Hörer

 Flügel

 Kühe

 Würmer

 Kalb

 Fliegen

 Stall

 Hamster

 Hörner

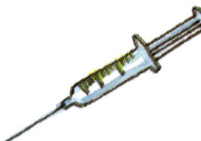 Spritze

 Decke

 Tasche

 Stroh

 Tür

  Augen

 Beine

 Mülleimer

 Euter

 Sack

 Bett

 Hase

 Wald

 Ohren

 Weg

 Pfoten

 Zeitung

 Giraffe

 Dose

 Leiter

 Bank

 Seehunde

 Flaschen

 Regenjacke

 Gummistiefel

 Feile

 Nilpferd

 Bohrer

 Wiese

 Schwanz

 Zahn

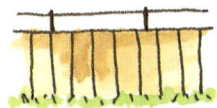 Zaun

 Gewehr

 Junge

 Werkzeugkiste

 Tisch

 Seil

 Verband

 Maul

 Kopf

 Säge

 Nase

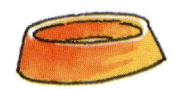 Napf

 Hut

 Korb

 Schirm

 Vogel

 Kasse

 Hund

 Zirkus

 Schildkröte

 Banane

 Tiger

 Zirkusdirektor

 Einkaufswagen

 Käfig

 Affe

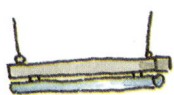 Lampe

Werner Färber wurde 1957 in Wassertrüdingen geboren. Er studierte Anglistik und Sport in Freiburg und Hamburg und unterrichtete anschließend an einer Schule in Schottland. Seit 1985 arbeitet er als freier Übersetzer und schreibt Kinderbücher.

Katharina Wieker, geboren 1964, ist von Beruf Trickfilmerin und arbeitet an verschiedenen eigenen Projekten. Seit 1993 illustriert sie auch Kinderbücher, was ihr großen Spaß macht.